추억은
향기처럼 피어난다

박 선 희

추억은 향기처럼 피어난다

초판 1쇄 발행 2025년 10월 29일

지은이_ 박선희
편   집_ 황태옥
펴낸곳_ 꿈나비북스
인쇄처_ (주)북모아
디자인 스튜디오- 폴리오903
.
주소_ 경북 포항시 남구 효성로 11
전화_ 080-610-7005
이메일- okst77@naver.com

ISBN: 979-11-995304-1-6
정가:14,000

이 책은 저작권법에 따라 보호받는 저작물이므로 무단 전재와
무단 복제를 금지하며 이 책 내용을 이용하려면 반드시 저작권자
'꿈나비북스'와 도서출판 '창조와 지식'의 서면동의를 받아야
합니다. 잘못된 책은 구입처나 본사에서 바꾸어 드립니다.

'꿈나비북스'는 모든 작가들의 출판을 응원합니다.

추억은
향기처럼 피어난다

박선희 시집

프롤로그

2024년 11월, 처음으로 시를 쓰기 시작했습니다
매일 아침 눈을 뜨면 아직 세상은 반쯤 잠들어 있습니다
창문 밖에는 희미한 빛이 번지고 간간히 들려오는
새소리와 바람이 하루의 시작을 알립니다

키보드 앞에 오늘의 첫 문장을 써 내려갑니다

출근길에 마주친 경비아저씨의 환한 인사
창가에 앉아 차분히 피어나는 햇살 한 줌 같은 것들
일상은 늘 사소하고 소소하며 때로는 너무 평범해서
눈길조차 주지 못한 채 스쳐 지나갔습니다
그러나 시를 쓰기 시작하면서
모든 순간이 이야기가 되고 시가 됩니다

내가 시를 쓸 수 있을까 의구심이 들었습니다

'누구나 시인이 될 수 있다' 황태옥 바람시인님의
말씀처럼 하루의 일과 속에 시를 넣었습니다

시를 찾아 읽어보고 시인들의 발자취를 찾아보았습니다

이제, 나는 매일 시를 씁니다
시를 쓰다보면 마음이 조금은 비워집니다

이 시집은 나의 하루 생활의 발자취입니다
9개월 동안 매일 꾸준히 260편의 시를 썼습니다
그 중 엄선한 시로 구성 하였습니다

특별하지 않은 하루가 특별한 노래가 되는 순간들
독자 여러분의 하루 또한 이 시들의 작은 울림 속에서
위로와 빛을 만나기를 소망합니다

매일 아침
황태옥시인님의 정성 어린 시(詩)제와 첨삭지도
감사합니다

'매일매일 시(詩)작'을 통해 함께 출판한
작가님들 감사합니다

저도 꾸준히 갈고 닦아 시인으로 거듭 나겠습니다

매일 아침 5시 30분
시제를 받으면 사색하고 작성해서 읽고
고치고 다시 썼습니다

서툰 글 솜씨지만 저의 낭독을 들으며
감상 하고 수정 해 준 저의 첫 독자. 남편 허경민님과
허정원, 허지원 두 딸에게도 이 책을 바칩니다

25년. 가을에~

■ 글쓴이 **박선희**

✿ 더원 인재개발원 대표 & 더원 출판사 운영
✿ 한국자서전협회 사무국장 및 창원지사장
✿ ㈜ESG경영연구원 이사
✿ (재)경남여성가족재단 강사
✿ 교육학박사수료
✿ 기업교육 및 컨설팅, 출판
✿ ESG기업경영컨설턴트, 기업교육강사
✿ E9외국인특화과정강사, 작가
✿ 저서: 나는 프로강사로 성장한다
　　　우리는 강사다, 나답게 살기 시리즈 외 35권

▌연락처

✿ 이메일: <u>ipsunny@hanmail.net</u>
✿ 블로그: https://blog.naver.com/wakeupsun
✿ 오픈챗: https://open.kakao.com/o/g9wZ4Yvh
✿ 네이버: 오이 작가, 박선희

목 차

프롤로그 ··· 4

1장, 사랑이 피어나는 계절 ································ 14

시가 좋아요 ·· 16
노란 후리지아 ·· 17
아가, 너를 보면 웃는 얼굴 ································· 18
앵두 빛 너의 입술 ·· 20
이십대의 초상화 ·· 21
오월은 풋사랑 ·· 22
사랑보따리 ·· 23
갈대의 노래 ·· 24
가을 그리움 ·· 25

2장, 우연과 운명 사이 ····· 26

운 좋은 사람 ····· 28
행복의 조건 ····· 29
너의 눈빛 ····· 30
바람인연 ····· 31
지금처럼 ····· 32
사랑 ····· 34
그대라서 ····· 35
갈무리 ····· 36
사랑해 ····· 37

3장, 너에게 닿는 말 ····· 38

당신에게 반한 이유 ····· 40
유리구슬 ····· 41
네잎클로버 ····· 42
오십, 그대에게 ····· 43
기억 속에서 ····· 44
생일 케이크 ····· 45
딸에게 ····· 46

4장. 우리 그리고 동행 ········· 48

마라 맛 나는 마라톤 ················· 50
페이스메이커, 함께라서 ············· 52
이제는 말할 수 있다 ················· 53
리듬에 맞춰 춤춰요 ·················· 54
꽃반지 끼고 ··························· 55
기억 속으로 ··························· 56
빨간 우산 ······························ 57
좋겠다 ·································· 58
닮고 싶은 사람 ······················· 59

5장. 추억은 구름처럼 ········· 60

나무에 걸린 배드민턴공 ············ 62
지금 몇 그램 인가요 ················· 63
모녀 삼대 여행 ······················· 64
손끝에 닿은 기억 ···················· 66
야식라면 ······························· 67
종이카네이션 ·························· 68
양심 거울 ······························ 70

6장, 차 한 잔의 여유 ······· 72
신에게 가까이 가는 날 ······· 74
당신이라면 ······· 75
멈춘 시간 ······· 76
코스모스 ······· 77
단짝 친구 ······· 78
6월 어느 날 ······· 80
팔베개 ······· 82
너 ······· 83

7장, 인생의 무대에서 ······· 84
칠월칠석 까마귀 ······· 86
당신과 나 ······· 87
내 안의 아이 ······· 88
고개 들어 ······· 90
백년가약 ······· 91
연필 ······· 92
종이칼 ······· 93

8장, 다시 뛰어볼까 ········· 94

철 지난 바닷가에서 ········· 96
죽을 각오로 살고 있는 너에게 ········· 98
나의 기억 중에서 ········· 99
열쇠 소리 ········· 100
사랑한다고 ········· 101
의자 같은 사람 ········· 102
다시 뛰어볼까 ········· 103

에필로그 ········· 106

제 1장

사랑이 피어나는 계절

시가 좋아요
노란 후리지아
아가, 너를 보면 웃는 얼굴
앵두 빛 너의 입술
이십 대의 초상화
오월은 풋사랑
사랑보따리
갈대의 노래
가을 그리움

시가 좋아요

나는 시가 좋아요
시를 쓰면
말하지 못한 마음이
말을 걸어요

나는 시가 좋아요
종이에 남긴 생각들은
나조차 몰랐던
나를 꺼내줘요

나는 시가 좋아요
이름 없는 감정도
시 속에 머물 자리를 찾아요

나는 정말 시가 좋아요
풀하나 돌 하나도 새로와요
그런데 궁금해져요

시는
나를 좋아 할까요?

노란 후리지아

아파트 정원 한 켠
소리 없이 후리지아가 피었다

아무도 모르는 순간
조용히 세상에 왔다

찬바람 견디고 나서야
비로소 내민 노란 인사
빛나게 웃는 너

아무도 보지 않아도
이토록
환하게 웃을 수 있다는 걸

진짜 아름다움은
댓가 없는 나눔이라는 걸

너는
꽃피워 가르쳐 주는구나
온몸으로

아가, 너를 보면 웃는 얼굴

아가,
낑낑대며 처음 뒤집던 날
처음으로 "엄마"라 불러준 그날

나는
천국을 보았단다

그 작은 변화가
나의 하루를 바꾸고
평생 살아갈 힘이 되었지

아가,
너를 볼 때마다
나는 놀라고, 웃고
또 감탄 했단다

너를 보면 알게 돼
내가 누구였는지
그리고
누가 되어야 하는지를

열 살 아가의 엄마
스무 살 아가의 엄마로

나는
또 다른 엄마로 자랐지

언젠가
남편과 아가를 데려와
신기해 할 너에게
꼭 말해주고 싶단다

"넌 내게 살아 있는 기적이야.
고마워, 내게 와줘서."

앵두 빛 너의 입술

너의 입술은
앵두 빛 이었어

햇살마저 머뭇거리다
그 붉음에 물들었지

말보다 먼저 와 닿았던
첫사랑의 떨림
그 입맞춤

심장은 그 순간의 떨림을
아직도 기억해

가끔은
바람 속에서
그 입술 온도를 더듬는 나

잊히지 않는
앵두 빛 너의 입술
존재라는 것을

이십 대의 초상화

엄마는 내 나이 즈음
벌써 나를 품고 있었다고 했다

나는 지금 아이를 품기는커녕
꿈 하나 품는것도 쉽지 않다

식탁 위 반찬 투정은 사치였다는 걸
이제는 나물무침
된장찌개 서툰 요리도
작은 승리처럼 느껴진다

그래도
오늘 하루를 견딘 나를
엄마가 알면 뭐라 하실까

"잘했다, 내 딸"하며
등을 토닥이며
웃어주시겠지

그 미소 떠올리며
씨익 웃으며
내일을 맞이한다

오월은 풋사랑

들꽃보다 자유롭게
햇살보다 눈부시게

스무 살의 우리는
열심히 뛰었다

손끝에 스치는 바람마저
몽글몽글 사랑 같아서

서로 바라보며 웃었다
씨익

약속도 없고
끝도 없던

그저 바라보기만 해도
좋았던 시간

오월
그 이름은 풋사랑

사랑보따리

수강생이 건넨
반짝이는 황금 보따리

무엇이 들었을까
꽁꽁 매듭 후다닥 푸니

김이 모락모락
찐 감자 일곱게
마치 황금덩어리

보따리 속
따뜻한 마음이 가득

참 소박한
참 귀한
사랑보따리

갈대의 노래

흔들리며 피어난다
삶의 강인함
그리고 희망

누가 갈대를 연약하다 말 하는가
휘어지는 몸통 속
결코 꺾이지 않는 의지

바람은 무자비하게 휘몰아치고

갈대는
그 흔들림으로
노래를 만든다

끊임없이 흔들수록
더 깊어지는 노래
소리 없는 저항

그것이 바로
갈대의 노래

가을 그리움

가을 찬바람이 스치니
잊은 줄 알았던 이름이 다시 피어난다

낙엽처럼 바람결에 흩어지는
너의 웃음소리

저무는 햇살 끝에 걸려 있는
지난날의 따스한 손길

잡으려 해도
이내 부서지는 햇빛뿐

밤이 깊어지면

가슴 한켠에서 서늘한 바람이 운다
그리움도 계절을 타고 되살아난다

제 2장

우연과 운명 사이

운 좋은 사람
행복의 조건
너의 눈빛
바람인연
지금처럼
사랑
그대라서
갈무리
사랑해

운 좋은 사람

매일 아침 햇살이 먼저
나를 깨운다

창가에 핀
군자란 꽃에 물을 주면
내 이름처럼 흔들린다

길을 나서면
바람이 등을 밀어주고
돌부리에 걸려도 웃음 짓는 하루

지금 이 순간
나를 위해 살아 있음을 느낀다

나는 참 운이 좋은 사람

비 오는 날 우산을 건네주는
따뜻한 세상 속에 살고 있으니

그저, 감사

행복의 조건 (부제: 빨래 냄새와 바람)

바람에 나부끼는
하얀 셔츠와 면수건

햇살은
향기를 태우며 흔들리고

빨래줄 아래 앉아
바람을 맞는 느긋한 오후

무심코 들리는 새소리
내 마음에 머문다

이보다 더 큰 기쁨이 또 있을까

맑은 냄새가
가슴을 채우는 순간

이것이야말로
소소한 행복의 조건

너의 눈빛

입술은 망설이고
심장은 떨렸다

너의 눈은
담담히 나를 안아주었다

그 어떤 말보다
더 따뜻하게

묻지 않아도
전해지는 진심
지그시 바라보는 눈빛

그 순간 알았다

사랑은
소리보다 시선에서
먼저 시작된다는 것을

바람인연

들녘에 흐르던
봄바람 따라

벚꽃
꽃잎 한 장

내 품에 안기듯
너는 그렇게 다가왔다

무심히 마주친 눈빛 속
햇살보다 따스한 너

인연은
언제나 준비 없이 와서
마음을 흔들고

머물지 않아도
깊이 자국 남긴다

봄바람처럼

지금처럼 (부제: 새벽명상)

눈을 뜨면
하루가 와 있다

부르지 않았는데
고요한 빛으로
다가온다

새벽 온라인 줌 명상
낯익은 얼굴들
들숨 날숨
익숙한 숨소리

고요한 침묵 속 평온함

움직일 수 있고
씻을 수 있으며
숨 쉴 수 있는 하루의 시작

그 단순함이
나를 눈물짓게 한다

입이 벌어지고
명상을 통해
숨을 통해 알아 차임

마음 나눌 사람이 있고
기다림의 희망이 있으니

나는 가진 것을
세지 않는다

그저 매일 감사하다
이 작은 기적이
계속되기를 바란다

지금처럼

#자애통찰명상
https://invite.kakao.com/tc/4PD7iWI5sI

사랑

첫마디조차 꺼내기 전
그대는 이미 내 마음속에
자라고 있었다

아무도 모르게
아주 조용히

살짝 젖은 마음 끝
그대 웃음 닿을 때마다
세상이 물드는 줄 알았다

그러나
돌아선 그대 등 뒤에
내리는 비는 멎지 않았다

계절은
다시 봄인데

나는 아직

그대라서

어여쁜 그대라서
수많은 시간 중에

그대를 만난 이 순간이
기적입니다

그대와 걷는 길 위엔
어둠마저 따뜻하고
침묵도 말이 됩니다

세월이 흘러도
그대는 내게
처음과 같은 설렘

그래서 나는
그대를
사랑할 수밖에 없습니다

어여쁜
그대라서

갈무리

창가에 기대어
저무는 가로등 바라보며
오늘 하루 소란함을
조용히 접는다

커피잔엔 남은 온기가 고요한데
수첩 속 할 일 위에
조심스레 ×표를 그으며
작은 성취에 뿌듯함이 번진다

시간은 흘렀고
나는 견뎠다
그것만으로도 충분한 하루

감사 일기에
하루를 갈무리하며
눈을 감는다

흐뭇한 미소와 함께

사랑해

사랑해
그 한마디 못 하고
마음속에 심어둔 씨앗

조용히
봄 비 기다리는 중

기다림 속 싹이 트고
언젠가
향기롭게 피어난다면

너의 곁에
닿을 수 있을까

이 마음이 꽃이라면
가장 곱게 피어나

네가
한번쯤 봐주길 바라며

오늘도
다시 가슴에 묻는
하고 싶은 그 말

제 3장

너에게 닿는 말

당신에게 반한 이유
유리구슬
네잎클로버
오십, 그대에게
기억 속에서
생일 케이크
딸에게

당신에게 반한 이유

말없이 커피에 시럽 몇 방울
넣어주며 바라보던 눈길
살짝 우산을 내 쪽으로
기울이던 다정한 손길

푸시시한 얼굴로
잘 잤냐며 마주한 아침의 입맞춤
무심히 내 무거운 노트북 가방을
들어주던 든든함

조잘대는 와이프의 수다를
가만히 들어주던 당신

누군가는 그냥 지나쳤을
작고 사소한 장면들은
나에겐 영화처럼 소중했어요

언젠가 당신에게 반한 이유를
물었지요

그냥, 너라서
그 모든 사소함이
나에게 향한 것이어서

유리구슬

친구가 이사 가던 날
손에 꼭 쥐어 주던 오색 구슬 주머니

이거 너 줄게
나랑 놀던 추억이야

분주한 이삿짐 인부들의 발소리
트럭 시동 소리
낯설고 울컥했던
그날 오후

아이의 눈에서 흐른 눈물
구슬보다 투명했고
작은 주머니에
내 마음도 함께 묶였다

시간이 아무리 흘러도
구슬을 들여다보면
친구의 얼굴이 떠오른다

지금 너는 어디에서
잘 지내고 있는지

네잎클로버

한 잎은 사랑
가슴속에 품은 마음

한 잎은 희망
미소를 약속하는
반짝이는 눈빛

또 한 잎은 믿음
흔들릴 때 잡아주는
따뜻한 손길

마지막 한 잎은 행운
불쑥 찾아오는
기적 같은 발걸음

네 잎을 모두 품은 너
내 하루가 채워지네
네잎클로버 사랑으로

언젠가
너와 나
누군가에게 행운이길

오십, 그대에게

젊은 날엔
똑바로 서야 했다
늘 긴장한 가지처럼
꼿꼿이 버텨야만 했다

남보다 뒤쳐지지 않으려 애썼다

이제 오십
구부러진 나무가
더 넓은 그늘을 주더라

모양보다
본질이 오래 남더라

흉하다고 여긴 상처들
이젠 누군가에겐
위로가 되더라

그래서 나답게 사는 나
충분히 매력적이다

이것이
오십 인생

기억 속에서

좁은 골목길
마주 달려오던 친구

숨이 차도록
웃던 그날의 기억은
어디쯤 숨어 버렸을까

하얀 분필로 그린
네모난 세상 속

"무궁화 꽃이 피었습니다"

목청껏 외치던 큰 소리
모래바람 따라 뛰던 발자국

하굣길 따라 걷다 보면
한참 전 멈춘 시계 속에서
우리는 아직도 놀고 있다

기억 속에서

생일 케이크

하얀 생일 케이크
촛불에 소망을 담습니다

조심스럽게 천천히
마음을 담아
케이크를 자릅니다

첫 조각은 아이에게
두 번째는 아빠에게

나는
맨 마지막
조각을 담습니다

생일은
내가 사랑한 사람들과
내 시간을 나누는 날

이제
사랑으로 다시 한 해를
시작하는 날

딸에게

딸아
넘어질 땐
엉엉 울어도 괜찮다

네 감정은 정당하고
그 아픔도 네 일부이니

딸아
너를 무시하는 이들 앞에
고개 숙이지 마라

스스로 잘못했을 땐
먼저 고개 숙일 줄 아는
용기를 배워라

딸아
사람을 사랑하되
너 자신을 더 깊이 사랑해라

사소한 기쁨에도
환히 웃을 줄 아는
사람이 되기를 바란다

딸아!

누구의 딸
누구의 엄마로 살지 말고
네 이름으로 살아라
세상이 너를 잊지 않게

사랑하는 딸아
기억 하렴
네 삶은 네 것
그 누구도 대신
살아줄 수 없단다

너는
이미
충분히 소중하다

제 4장

우리 그리고 동행

마라 맛 나는 마라톤
페이스메이커, 함께라서
이제는 말할 수 있다
리듬에 맞춰 춤춰요
꽃반지 끼고
기억 속으로
빨간 우산

좋겠다
닮고 싶은 사람

마라 맛 나는 마라톤

비가 내린다
출발선 앞
운동화는 젖고 마음도 덜컥 떨린다

하악 하악
숨 헐떡이며
앞만 보고 달린다

모두가 나보다 빠르다
스쳐 지나가는 사람들
생각들
기억들

얼굴을 때리는 빗방울
알싸한 짠 내
화끈거리는 무릎
포기하고 싶다 멈추고 싶다

그때
문득 떠오른다
작년의 나

오늘은
한 발 더 나아갔고

더 먼 길을 달려왔다

그래. 좋아.
한 번 더 해보자

와아
두 팔 벌려
반겨주는 지인들 환호
뜨거운 눈물

그래
인생은
마라 맛 나는 마라톤

페이스메이커, 함께라서

그대의 숨소리
내 심장을 깨워주네요

그대와 함께
달리는 이 순간

홀로 뛰는 길보다
한결 가볍답니다

그대는
나의 페이스메이커
함께라서 힘이 나요

멈추고 싶지만
우리
함께 달려요

끝까지

이제는 말할 수 있다

이제는 말할 수 있어요
아직도 반하고 있어요

한 집에 두 인격
밥상 위 두 가지 입맛
리모컨 하나에 엇갈리는 취향

그래도요 웃기잖아요
일상의 전쟁터에서
상처투성이 지쳐서 오면
대신 화내주고
다독다독 안아주는
한 사람

울다 웃게 만들고
남의 편인 줄 알았는데
내 편이더라고요

이제는 말할 수 있어요
뜨겁지 않아도
여전히 반하고 싶은 내 편
그대

리듬에 맞춰 춤춰요

바차타 리듬에 맞춰
춤춰요

가는 안테나처럼
그대 손끝 전해지는 떨림

바람처럼 흔들리는
가벼운 발걸음 따라
내 마음도 함께 춤춰요

흩날리는 미소
팔랑이는 마음

오늘만은
누구보다 자유롭게
이 순간을 느껴요

나를 놓고
리듬에 맞춰
자유롭게

꽃반지 끼고

"할매, 손 내봐요"
검버섯 핀 손 위 하얀 꽃반지
"내가 호강한다 예쁘네…"

환하게 웃는
우리 할매

할매 웃음에
더 크게 웃는 나

젊었을 땐 참 고왔건만
봄처럼 금세 지난 세월
손끝에 남은 꽃향기

백 년이 지나도
시들지 않기를

오늘도
꽃반지 들고
"할매" 부르면
다시 피어나는
그 시절 그 청춘
하얀 베일처럼 내려 앉는다

기억 속으로

땡땡땡
종이 울려 뛰어가던 나무 복도
누가 먼저랄 것도 없이
함께 했던 발소리들

고장 난 스피커 아래
그 아이가 부른
"단발머리"노래

아직도
귓가에 맴돈다

기억의 복도를
걷다 보면

낯익은 뒷모습 하나
가끔
눈물 되어 돌아온다

빨간 우산

빗속에 빨간 우산
활짝 피었다

너와 나
작은 세상에 갇혀
서로의 눈빛이 반짝 인다

손끝이 스칠 때
심장은 번개처럼 뛰고
빗방울은 노래가 된다

세상은 흠뻑 젖어도
우산 속 우리는 따뜻하다

빨간 우산 끝에 맺힌
물방울처럼

순수한 우리 사랑도
영원히 빛나길

좋겠다 (박카스 광고를 보고)

오늘도 포장마차 한 잔에
고단한 하루를 푸는 샐러리 맨

TV 속 군인 일 안 해서 좋겠다
늦은 밤
눈 비비며 서 있는데
얄미운 고참의 얼 차렷

TV 속 백수는
뒹굴뒹굴해서 좋겠다
하루가 참 길다
방바닥 뒹굴뒹굴

TV 속 샐러리 맨
바빠서 좋겠다

박카스 마시며
TV 보는 나
그냥
나라서 좋다

https://www.youtube.com/watch?v=GUmenZZ2Th4

닮고 싶은 사람

빛나는 사람은
말보다 깊은 눈빛으로
세상을 품는 사람

작은 일에도
따뜻함을 남기고
서두르지 않는 사람

귀 기울이며
슬픔을 덜어주는 사람

나는
그런 사람을 닮고 싶다

지혜와 자비가
내 삶의 길잡이가 되는 사람을

제 5장

추억은 구름처럼

나무에 걸린 배드민턴공
지금 몇 그램 인가요
모녀 삼대 여행
손끝에 닿은 기억
야식라면
종이카네이션
양심 거울

나무에 걸린 배드민턴공

첫 서브는 허공을 찔렀다
노을빛 사이로 날아간 배드민턴공

잎새 위에
살포시 멈췄지

그때 우린 웃으며
나무를 올려보았지

"내일 오후에 다시 하자."

미뤄둔
여름의 한 장면

이젠
나무도, 공도 그대로인데

우리는 자라
그 오후를 꺼낼 수 없구나

지금 몇 그램 인가요

오늘도 조심스레 저울 위에 올라
몸무게 대신 기분을 재본다

어제보다 조금 더
가벼워졌을까

웃음은 500그램
눈물은 200그램
아픔은 100그램
마상은 200그램

미소는 무려 1킬로그램
사랑은…
아직 측정 불가

저울은
자꾸만 속삭인다

"진짜 네 기분 맞아?"

그렇다면
지금 당신의 진짜 기분은
지금 몇 그램?

모녀 삼대 여행

기차 창밖으로
풍경은 흐르고

딸은
웃으며
다음 여행 꿈꾸고

엄마는
가방 속
약봉지 정리하고

할머니는
입을 살짝 벌린 체
졸고 계신다

햇살이
어깨 위에 내려
다정히 쓰다듬고

세월은
그녀를 감싸며
등을 토닥인다

1박 2일

짧은 여행이지만

세 여인의 마음엔
잊지 못할
행복하나

손끝에 닿은 기억(가족사진)

졸업식 날
가족사진을 만지면
너의 웃음이 손끝을 스친다

그날
우리는 너를 품고 있었다

이젠
말하지 않아도
가족의 눈빛 속에
너는 여전히 살아 있다

중년의 여동생
네가 좋아하던 수제비 먹으며
밤새워 수다 떨기
딱 좋은 나이인데

보고 싶구나
내 동생

그 말 한마디면
네가 내 곁에 온다

야식 라면

찬밥 한 숟갈 툭 얹고
스프 절반 김치 절반
툭툭 털어 넣어

대충 끓인 라면
바쁜 하루의 끝

몸보다
마음이 먼저 허기져

정성은 없지만
위로 넘치는
야식 한 그릇

소박하지만
참 따뜻한 야식

오늘도 한 그릇
어때요

종이 카네이션

서툰 가위질
비뚤어진 선

딱딱한 종이 접어
끝이 말린
붉은 꽃잎

그 안에
곱고 따뜻한 마음 담아

"할머니, 사랑해요"

한마디에
떨리는 눈가

말없이
끄덕이며
꽃을 받는다

내리사랑은
이렇게 온다

조용히

작지만 분명하게
시간을 넘은 마음으로

색이 바래도 괜찮다
이 꽃은
지지 않으니까

너의 기억은
언제나
그 자리에 있으니

양심 거울

어릴 적
엄마가 말했지

거짓말하면
마음속 거울이
산산이 깨진다고

나는 조심스레
그 거울을 들여다본다

햇살이 스며
은은히 빛나는

맑고 투명한
양심의 거울

세월은 흘렀지만
그 거울은
아직도 아이의 눈

먼지 한 점도
용서하지 않는
그 눈동자

피할 수 없더라

그래서
나는 오늘도

조금 더 천천히
조금 더 곧게
인생길을 걷는다

뚜벅
뚜벅

제 6장

차 한 잔의 여유

신에게 가까이 가는 날
당신이라면
멈춘 시간
코스모스
단짝 친구
6월 어느 날
팔베개
너

신에게 가까이 가는 날

기나긴 하루 끝
의자에 살며시 기대본다

눈을 감으면 작은 떨림 하나
마음을 스쳐간다

그건
슬픔도 아니고
외로움도 아닌

그저
살아 있다는
조용한 순간

그 떨림의 끝에서
나는 신을 만난다

말하지 않아도
닿을 수 있는 그곳에서

언젠가
신에게
가까이 가는 날

당신이라면

모든 것이 무너져
내가
나조차 믿지 못할 때

당신이라면
나를
안아 주겠지요

그 품 안에서
세상 모든 소리가 멀어지고
내 숨이 고르게 돌아올 때까지

당신의 품은
위로라는 이름의
가장 오래된 집일 테니까요

만약
당신이라면

멈춘 시간

세상 모든 시계는 흐르는데
내 시계는 그가 떠난 순간
멈추었다

분침은
제자리만 맴돌고
초침은 울음을 삼키듯
떨고 있다

나는 그 멈춘 시계 곁에서
아직도 그를 기다린다

다시는
들리지 않을 발자국

그리움은
오래된 노래 가사처럼
내 안에서 끊임없이 울려 퍼지고

나는 여전히 서성인다
멈춘 시간 속에서

코스모스

꽃잎 안의 우주

코스모스는
왜 이리 속삭일까

작은 꽃잎 안에
끝없이 펼쳐진 이야기
담겨 있지요

코스모스는
'우주'라는 뜻이에요

아주 작아 보여도
그 안엔 별들이 숨 쉬고
바람의 시 품고 있지요

고개 숙여 바라보면
내 안에도 조용한 별 하나

코스모스처럼
한들한들
빛난 답니다

단짝 친구

나의
단짝친구는요

작은 키에
커다란 뿔테안경

단발머리에
배시시 잘 웃는
그런 친구

힘든 날 말없이
그저 옆에 있어 주는
고요한 친구

말 없는
침묵에서
위로를 주는
다정한 친구

말보다
더 진한 마음 있다는 걸
보여주는 그런 친구

눈빛에도

마음이 전해지는
따뜻한 친구

거울처럼
그대로 나를 비춰주는
소중한 친구

그 친구가
바로

나의
단짝 친구랍니다

6월 어느 날

일상인데
특별한 날 있을까요

책장 사이
끼어 있던
바랜 연두 빛 메모지

'1996년 6월 12일, 다시 시작하기'

사랑
때문이었을까

일
때문이었을까

젊은 날 안타까운
나 때문이었을까

그날
무슨 일이 있었는지
기억나지 않아도

다시
시작하고 싶었던

그 마음은
또렷하네요

시간이 흐른 지금도
그 마음 따라
열심히 걷고 있어요

6월은 그렇게
다시
나를 불러냅니다

6월 어느 날
또 다른 발걸음으로

팔베개

"괜찮아?"
달빛이 방 안에 번질 때
너는 한쪽 팔을 내어주었지

세상에서
가장 부드러운 베개

그 팔위에
나는
하루의 무게를
내려놓았고

편안하게
쉴 수 있었어

그 순간
세상은 멀었고

너의 품만이
나의 안식이었어

너의 팔베개에서

너

불이 꺼진 방
세상이 내게 등을 돌려
혼자 있을 때

너라면
촛불 하나 켜 주겠지

너의 불빛이 작아도
나는 그 온기에서
다시 살아 날거야

그래서
너의 위로는

말보다 깊고
숨보다 따뜻 할거야

너라면

제 7장

인생의 무대에서

칠월칠석, 까마귀
당신과 나
내 안의 아이
고개 들어
백년가약
연필
종이칼

칠월칠석, 까마귀

모두가 잠든 밤
하늘 끝을 수놓는
검은 별, 까마귀

소리 없이 아무 말 없이
사랑의 길을
조용히 내어주고

자신은
잊히는 존재였지요

칠석이 지나면
사라져버릴 그 다리 위에
남은 것은 사랑의 무게
그것뿐이네요

눈이 시리도록 빛나는
아름다운 검은 별자리

오늘은
참, 그립습니다

당신과 나

당신 떠올릴 때마다
가슴에
시 한 편 적어요

단어마다 설렘이 묻어나고
마음마다 그리움이 번져요

봄꽃처럼
피어나는 당신 미소

그 안에서 살고
그 안에서 웃고

이름 모를 별빛에
소원 달아 봅니다

세상 모든 말을 모아도
당신 담기엔 부족하지만

그래도 나는
당신을 '시'라 부릅니다

내 안의 아이

혼자 인형에게
말을 걸고

하늘에 소원을 빌던
내 안의 작고 여린 아이

그 아이는
아직도 거울 속에서
나직이 말한다

"선희야, 오늘 너, 괜찮았니?"

다독다독
안아주는
내 안의 아이

팔순 노인이 되어도
건강히 자라고 있을
내 안의 아이

편안한
내일의 꿈 꾸기 위해

오늘도
감사 일기 속 나눔으로

하루를 마무리하는
내 안의 아이

고개 들어

고개 들어
하늘을 봐요

하트 구름
떴어요

좋아요
누르기도 전에

바람이
샘이 나서
지워 버렸네요

백년가약

백- 원 자판기 커피로
시작한 연애였지요

년- 수로 따지면
이젠 짬밥 좀 됩니다

가- 끔은
이 사람이 내 운명인가 싶고요

약- 간은 환장하지만
늦은 밤 염색해 주는 남편님
고맙네요

연필

너는 왜
항상 날 따라와
연필이 물었다

지우개는
가만히 미소 지었다

네가 틀릴까 봐
늘 조마조마해
너 없이는 나도 없거든

연필은
잠시
천천히 조심스럽게
다시 한 줄

그제서야
지우개는
종이 위에 누웠다

종이칼

흰 종이처럼 부드럽고 가벼워
손끝으로 스치면 사라질 듯 보이지만,

무심히 닿는 순간
날카로운 선을 세워

가슴에 시린
고통을 새긴다

그 상처는 작아 보여도
깊이 스며들어
끝내 잊혀지지 않는
아픔이 되고
서늘한 울림으로 영혼을 흔든다

사랑은 그래서
아련한 떨림 속에 숨겨진 비수
피할 수 없고 멈출 수도 업는
아름답고 잔인한 운명

그것이
사랑

제 8장

다시 뛰어볼까

철 지난 바닷가에서
죽을 각오로 살고 있는 너에게
나의 기억 중에서
열쇠 소리
사랑한다고
의자 같은 사람
다시 뛰어볼까

철 지난 바닷가에서

파란 천막이
바람에 들려
사라진 그림자 흔들 때

모래 위엔 발자국 하나 없네요
바다도 조용히 등을 돌리고

나만
철 지난 풍경 속에
계절을 벗어난 사람처럼
덩그러니 앉아 있어요

뜨겁던 여름은 어디에 남았을까

파라솔 아래
차가운 그늘엔
그날의 웃음마저 다 식었네

철 지난 바닷가에서

죽을 각오로
오늘을 살고 있는 너에게

누군가 말했죠
죽을 각오로 해야
꿈을 이룰 수 있다고

어제의 나는
오늘을 상상했어요
조금은 더 나아졌기를
그 바람대로 되지 않았더라도
포기하지 않은 것만으로도
충분해요

세상은
끊임없이 나를 재촉했고
남들과 비교하며
마음을 조급하게 했어요

이젠 알아요
나의 속도로 걷는 것이
얼마나 소중한지

"그럴 수 있어."
"너는 충분해."
스스로 다짐해 봅니다

나의 기억 중에서

엄마
나 여기 있어요
골목길을 달리던 자전거

뒤에서 들리던 너의 웃음
그게 내 하루의 전부였지

햇살과 바람 사이로
너의 그림자
길게 늘어졌고

나는
그 끝을 따라가며
내리사랑을 배웠어

이제는
아무도 달리지 않는
그 길 위에

자전거 소리 대신
추억만이 바람을 탄다

열쇠소리

너는 떠나고
나는 남았다

같은 시간 같은 공간
행복하다 믿었건만

네 심장의 빈자리
나의 열쇠로
열 수 있다 했건만

이제
두 갈래 길
두 개의 그림자

달그락 달그락
무심한 열쇠 소리만

사랑한다고

왜 사랑하냐고
묻지 마세요

꽃이 왜 피는지 몰라도
그저 아름답듯이
당신도 그래요

당신이라는 이유 하나로
충분해요

시간도, 거리도
모두 무의미해요
오직
당신 하나면 돼요

이유 찾지 마세요
내 마음은
이미 당신 거예요

사랑한다고요…

의자 같은 사람

긴 하루 끝
의자에 털썩 앉는다

등을 기댈 때마다
스며드는
따뜻한 위로

묵묵히 내 무게를 견디며
말없이 지켜주는
너

고요 속에서
문득
깨닫는다

너에게 의자 같은
사람이 되고 싶다

지친 하루를 기대어
위로가 되는

다시 뛰어볼까

뛰어
안 돼
일단 털어내자

걱정 고민 스트레스로 붙은
나태한 살들

뛰어볼까
아니야, 좀 더 털어내자

심장 팔 다리도
무리 없게

이제
뛰어도 될까
그래! 너를 응원해

우리
오늘부터 1일

에필로그

매일 쓰던 시가 쌓여 어느덧 한 권의 책이 되었습니다.

처음 시를 쓸 때의 어색함과 서투름이 떠오릅니다.
편하게 쓰자, 느낀 것을 쓰자, 그리고 공부하자, 배우자
첫 마음입니다.

삶은 늘 무겁고 버거운 얼굴로 다가왔지만
시는 그 얼굴에 작은 웃음을 그려주었습니다.

글자 하나하나가 나를 지탱하는 뿌리가 되었고,
또 날아오르게 하는 날개가 되었습니다.

에필로그에 이르러 깨닫습니다
"매일 써온 습관이 나를 좀 더 나은 사람으로
만드는구나 시를 통하여 감사를 느끼게 하는구나."

뜨거운 여름날 한 모금의 시원한 물, 바쁜 하루 끝에
맞이한 짧은 휴식. 이런 순간들은 잊히지 않으려 시 속에

이 글을 읽는 여러분도
일상의 순간을 놓치지 않기를 바랍니다
꼭 시가 아니어도 좋습니다

짧은 메모 사진 한 장, 마음속 다짐 하나라도
그것이 모여 삶의 얼굴을 빛나게 하고 여러분의 내일을
단단히 붙잡아 줄 것입니다

매일 시를 쓴다는 건 결국 나를 기록하는 일입니다.
다른 누구도 아닌, 나만의 언어로 나를 기억하는 일
그리고
저는 다시 새로운 페이지를 향해 나아갑니다

내일의 아침에도 또 다른 시(詩)제가
나를 기다리고 있을 테니까요